Instruções para usar o AR

DEIXE A REALIDADE AUMENTADA MUDAR A FORMA DE LER UM LIVRO

Com o seu celular, iPad ou tablet você pode usar **Hasmark AR** app para começar a realidade aumentada e ter a experiência de ler literalmente fora do livro.

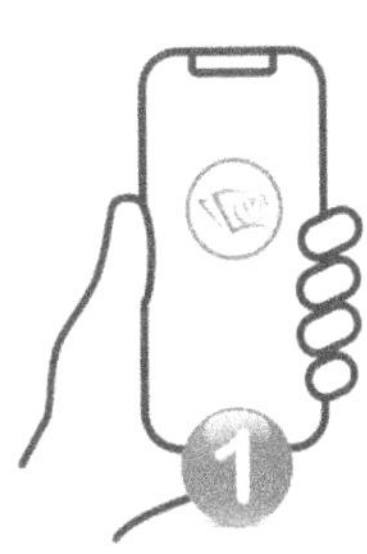
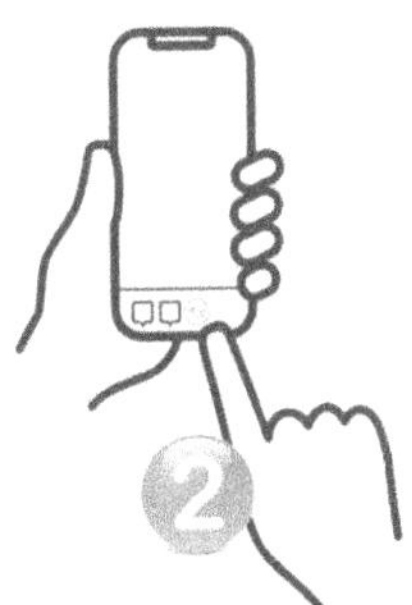

1. Baixe o Hasmark **app** da Apple **App Store** ou **Google Play**

2. Abra e selecione essa opção  (vue)

3. Aponte sua câmera para a imagem com o e aproveite a experiência de realidade aumentada.
4. Continue e tente agora com a logo da Hasmark Publishing International.

RECOMENDAÇÕES

Eu amei este livro! Oferece inúmeros conselhos valiosos de *coaching*, uma abordagem muito prática em relação a como alcançar suas metas e um guia de atividades extremamente fácil de usar. O mais importante é que Roberto Delanese toca os leitores com sua vulnerabilidade e disposição de compartilhar suas experiências pessoais. A autenticidade que transparece nesse livro leva cada um a crer que pode, de fato, superar qualquer desafio e melhorar a própria vida ao seguir *O Método Delanese*.

Gisele Maxwell, Estados Unidos
Autora do *best-seller* internacional *Free and Rich Beyong Wealthy*

Roberto Delanese escreveu um excelente livro para aqueles que querem deixar de ser uma consequência do destino e começar a assumir o controle da própria vida por meio do poder da força de vontade e da lei da manifestação. Este livro é um guia para quem deseja viver a vida sem limitações e alcançar seu potencial pleno.

Peggy McColl, Estados Unidos
Autora de *best-sellers* mais vendidos do *New York Times*

Ao compartilhar lições de cenários reais da própria vida, Roberto Delanese consegue cativar o público desde o início, fornecendo *insights* valiosos e um processo realista de definir metas para alcançar o melhor resultado. Focando bastante na mentalidade, este livro ensina os leitores a se concentrar no crescimento pessoal e superar, bem como abraçar a adversidade.

Judy O'Beirn, Canada
CEO e fundadora da Hasmark Publishing International

O livro é claro, conciso, significativo e útil! É uma daquelas obras que força o leitor a enxergar as coisas com base em um ponto de vista diferente e sussurra no ouvido da alma que você pode mudar sua atitude em relação à vida!

Laura Marino, Italia
Presidente da Cito Disco

Vá além de *O Segredo*! Este livro, *O Método Delanese*, guia o leitor passo a passo no processo de concretizar as próprias vontades. *O Método Delanese* é, ao mesmo tempo, um livro de *coaching* e um guia de atividades. O autor usa sua experiência na vida pessoal e profissional para demonstrar como transformar metas em realidade. Este é *o* livro sobre como viver a vida!

Rossina S. Gil, Estados Unidos
Sócia Diretora da Corporate Looking Glass

Este livro ajuda o leitor a fazer o percurso da própria jornada existencial. Em um mundo cheio de guias sobre *como* fazer as coisas — desde tutoriais no YouTube a um sem-fim de especialistas e autoridades em diferentes áreas — Roberto oferece um guia que é, ao mesmo tempo, fácil e difícil. É possível folhear o livro inteiro em uma sentada só e perder de vista todo seu valor. São as "tarefas" ao fim de cada capítulo que demandam certa pausa e reflexão honesta. Conheci Roberto em sua jornada rumo à abundância e admiro sua facilidade em se conectar com as pessoas. Sua compostura tranquila, apimentada por um excelente senso de humor e pronta disposição em ajudar, sempre fizeram dele um líder e colega de trabalho desejado. Este livro é uma compilação das lições do próprio Roberto, que continua a compartilhar e ajudar os outros, como sempre foi conhecido por fazer.

Mary-Lou Quinto, Filipinas
Presidente e CEO da Beta, Nanocoating

Recomendo muito este livro a todos que desejam mudar de vida, mas não sabem ao certo por onde começar. É conciso, ao ponto e resume muitas lições importantes. Sem dúvida, permitirá que muito mais pessoas se beneficiem das habilidades de mentoria do Roberto. Trabalhando com ele, marcou-me seu jeito humano e fiquei tocada por seu interesse profundo e honesto pelas pessoas. Ele já formou equipes excelentes e está sempre em busca de maneiras para nos guiar ao encontro de nosso maior potencial.

Paulina Luissi, Uruguay
Lider Regional de Cadeia de Suprimentos

Tive o privilégio de trabalhar diretamente com Roberto desde 2005. Por meio de seu exemplo, ele me mostrou como é, na prática, ser um líder servidor. A primeira coisa que notei foi a voz de Roberto — o tom mais baixo e a natureza suave de sua voz exigiam que eu me inclinasse para ouvi-lo. A sabedoria do que ele tinha a dizer sempre me dava satisfação por tê-lo feito. A voz de Roberto representa sua natureza — ele é humilde, sábio, dono de uma confiança tranquila e de um espírito incrivelmente generoso. Apreciei por completo a leitura deste livro. Roberto captou a essência de sua jornada pessoal, a qual formou um estilo de liderança naturalmente eficaz. Este livro agrega por ser pragmático e acessível, apoiado por ações tangíveis — assim como o próprio Roberto! Isso não causa espanto, uma vez que Roberto é também um mentor, *coach* e professor extraordinário. Conheço pessoalmente muitos ex-colegas de trabalho que consideram Roberto um dos líderes mais influentes de sua carreira. Ele de fato vive os princípios expressos neste livro, multiplicando seu impacto positivo por meio da formação de líderes talentosos ao redor do mundo. Roberto é um verdadeiro exemplo de mentalidade de plenitude na prática e tem uma carreira cheia de realizações para confirmar isso. Obrigado, Roberto, por desvendar a sabedoria de sua experiência. Creio que este livro multiplicará ainda mais o impacto positivo que você tem exercido sobre tantas carreiras.

Chris Horan, Estados Unidos
Lider Empresarial da Indústria Biotecnológica

Sou muito grata pela oportunidade de conhecer e trabalhar junto com Roberto. Ele é um excelente *coach*, executivo e amigo. Seus ensinos me ajudaram a mudar meu *status quo*. Se eu tivesse poder para clonar alguém, seria o Roberto. Obrigada por se tornar parte de minha vida! O novo livro de sua autoria, *O Método Delanese*, ajudará você a alcançar suas metas. A melhor maneira de se inspirar é aprendendo com exemplos da vida real. Roberto é um ótimo exemplo disso. Quando decidir o que deseja fazer da vida, use O Método Delanese e você certamente terá êxito.

Luciana Rubinho, Brasil
Lider Regional de Tecnologia de Informação

Em *O Método Delanese*, Roberto Delanese compartilha lições da própria vida e aprendizados de outros ao longo da jornada a fim de criar um caminho simples e prático para qualquer um, de qualquer idade, criar a vida que deseja. Conheço Roberto há mais de uma década e ele sempre foi uma fonte de inspiração. É o tipo de líder generoso com o próprio tempo, ajudando as pessoas a se aperfeiçoar, melhorar o desempenho ou resolver problemas difíceis. Seus conselhos são cheios de positividade e a leitura de *O Método Delanese* é como ter disponível o tempo inteiro o amigo mais encorajador a seu lado.

Lisa Mazzoni, Estados Unidos
Diretora Executiva da Kite Pharma

A oportunidade de trabalhar com Roberto é como ter uma varinha mágica. Eu o conheci e imediatamente senti a necessidade de trabalhar para ele. Não importava em qual função, apenas soube que ele era uma daquelas pessoas que não se pode deixar passar despercebida. Aprendi demais. Tornei-me alguém melhor e mais corajosa ao longo dos anos em que trabalhei a seu lado. Aliás, ele me ajudou a tomar a melhor decisão de minha vida. Sempre serei grata a Roberto. Estou onde estou hoje por causa dele.

Victoria Dogliotti, Singapura e Suíça
Lider Regional da Cadeia de Suprimentos

Roberto foi meu mentor e me deu o melhor conselho possível durante um período em que passei por uma mudança radical de vida. Ele me disse as seguintes palavras: "Você tem valor!". É uma frase curta, mas que foi extremamente significativa para mim.

Ele me inspirou. Aquele foi o ponto da virada, a partir do qual comecei a acreditar em mim mesma e a encontrar sucesso.

Karina Lauret, Ilha da Reunião, França
Gerencia Global de Dados

Existem pessoas especiais que conseguem entrar em nosso coração e transformar nossos sonhos em realidade. Tudo é possível se acreditarmos. Roberto prova isso neste livro, por meio de uma linguagem simples e dinâmica, cheia de dicas preciosas e informações que o levarão ao sucesso profissional, pessoal e afetivo plenos. Compre este livro — ele cumpre o que promete!

Sueli Cocate, Brasil
Fratini Presidente da Associação Protetora dos Animais

Roberto sempre conquistou suas metas e seus objetivos de vida, encontrando formas positivas de eliminar as barreiras que todos enfrentamos ao tentar melhorar de vida. Filho de um mecânico ferroviário no Brasil, ele se tornou um engenheiro e executivo de sucesso, desfrutando uma vida de abundância nos Estados Unidos. Tenho a convicção de que, se você seguir os princípios simples e práticos detalhados neste livro, sem dúvida alcançará uma vida de sucesso e prosperidade, assim como muitos outros.

Eda Disnan, Brasil
Protetora voluntária dos direitos animais

Neste livro, Roberto compartilha sua experiência pessoal extraordinária. Começa com sua jornada quando menino e conta como correu atrás de seus sonhos, em uma história de sucessos, erros e aprendizados. Sua formação como engenheiro, além de sua rica experiência e disposição para ajudar as pessoas, tornaram possível ter à disposição esta leitura essencial, com ferramentas e mensagens claras que nos ajudarão a definir e buscar nossos sonhos, para alcançar uma vida plena!

Francisco Barriola, Uruguai
Lider Empresarial da Cadeia de Suprimentos

Destrave seu potencial para viver a melhor versão de sua vida neste livro com estilo acessível, sem dar sermão em ninguém, e que se baseia nas reflexões e na sabedoria da vida bem vivida do autor.

Teresa Christensen, Estados Unidos
Diretora Global de Distribuição de Productos Biotecnológicos

Estou maravilhada! *O Método Delanese* é muito conciso, prático e ao ponto. Nos tempos distraídos e barulhentos em que vivemos, trata-se de uma leitura imperdível para qualquer um que deseja alcançar suas metas e melhorar de vida.

Danielle Martins, Portugal
Estrategista de Marca e autora do livro: *Rising Up From Mental Slavery: How to Unleash Your Infinite Potential*

O MÉTODO DELANESE™
ATIVIDADES

UM GUIA PRÁTICO PARA OBTER SUCESSO, PROSPERIDADE E ABUNDÂNCIA

ROBERTO DELANESE

Tradução from original em Inglês: Cecília Eller

Publicado por: Hasmark Publishing: www.hasmarkpublishing.com

Editor: Justin Spizman, www.justinspizman.com justin@justinspizman.com
Design da capa: Anne Kirklins anne@hasmarkpublishing.com
Diagramação: Amit Dey amit@hasmarkpublishing.com

ISBN 13: 978-1-77482-107-7
ISBN 10: 1774821079

TERMO DE ISENÇÃO DE RESPONSABILIDADE

As informações deste livro são apresentadas para fins puramente educativos, informativos e motivacionais. A obra pode fazer referência a determinadas informações relativas a áreas da vida que incluem, mas não se limitam a: relacionamentos, finanças, carreira, saúde e temas relacionados. O livro se propõe a ser uma fonte de informações valiosas para o leitor, porém sem o objetivo de substituir o auxílio direto de especialistas. Tampouco deve ser interpretado como uma recomendação para qualquer tipo específico de terapia, aconselhamento profissional, financeiro ou de plano de saúde, escolhas empresariais ou tomada de decisões. O uso destas informações não substitui consultas com terapeutas, médicos, psicólogos, profissionais da área de saúde, consultores financeiros, especialistas em carreira ou outros profissionais competentes e qualificados relevantes. Além disso, as informações aqui contidas podem mudar rapidamente. Logo, parte do que foi dito pode se desatualizar.

Embora a editora, o autor e a Roberto Delanese LLC tenham feito todos os esforços para garantir que as informações presentes no livro estejam corretas por ocasião da publicação e conquanto tenha o propósito de apresentar informações corretas em relação ao tema abordado, a editora, o autor e a Roberto Delanese LLC, não assumem nenhuma responsabilidade por erros, imprecisões, omissões, nem quaisquer outras inconsistências presentes na obra, isentando-se de qualquer responsabilidade legal a qualquer parte por perda, prejuízo ou transtorno causado por erros ou omissões, sejam tais erros ou omissões resultantes de negligência, acidente ou quaisquer outras causas. O conteúdo presente neste livro consiste na expressão única e opinião de seu autor, não necessariamente da editora.

A editora, o autor e a Roberto Delanese LLC não dão garantias acerca do nível de sucesso que você poderá vivenciar ao seguir os conselhos e as estratégias contidos no livro e você aceita o risco de que os resultados divergem para cada indivíduo. Além disso, os testemunhos e exemplos citados na obra mostram resultados excepcionais, que podem não se aplicar a todos os leitores e não têm a intenção de representar ou garantir que você alcançará os mesmos resultados ou resultados semelhantes. Nenhuma certeza ou garantia é expressa ou subentendida pela editora, pelo autor e pela Roberto Delanese LLC que inclua qualquer parte do conteúdo desta obra.

Você concorda que todos os riscos associados ao uso das informações ou dependência delas recaem sobre você. Concorda ainda que a editora, o autor e a Roberto Delanese LLC, inclusive todos os respectivos agentes, não serão responsáveis ou legalmente responsabilizados por qualquer dano físico, psicológico, emocional, financeiro ou comercial, incluindo, mas não se limitando a danos especiais, circunstanciais ou consequenciais, dentre outros.

SUMÁRIO

UMA PALAVRA AO LEITOR

Caro leitor,

É provável que você tenha este livro em mãos porque deseja alcançar seu pleno potencial. Algo em seu interior lhe diz que você pode ser, fazer, ter e desfrutar uma vida mais próspera, bem-sucedida e plena. Decida agora como seguir rumo à realização de seus maiores sonhos, aderindo a uma jornada extraordinária por meio de princípios e técnicas simples e eficazes que o ajudarão a manifestar a vida que você deseja e cumprir seu destino.

Como eu gostaria de ter um livro assim quando estava iniciando minha jornada pelo mundo! Este livro proporcionará um caminho comprovado para levá-lo de onde você está para onde deseja estar — rumo a uma vida próspera e abundante — independentemente de como você a defina ou estruture. Suas experiências passadas, circunstâncias presentes e metas futuras não inibem sua jornada; pelo contrário, a complementam.

Veja o exemplo de minha jornada, a experiência de um menino de uma família modesta, nascido em uma cidade pequena do Brasil, que conquistou sonhos "impossíveis", contrariando todas as probabilidades! Em vez de aceitar meu destino de trabalhar na ferrovia local, escolhi ir em busca de sonhos extraordinários e acabei indo morar nos Estados Unidos, trabalhando para empresas globais, viajando o mundo e aprendendo a arte de vida com pessoas muito bem-sucedidas. Hoje eu vivo e desfruto minha vida de abundância.

O Método Delanese é uma síntese de minha jornada de tentativas e erros, ao longo da vida inteira; trata-se de uma compilação de aprendizados, aperfeiçoamentos e combinações de ferramentas, princípios e técnicas simples que tenho a convicção de que você pode usar agora para assumir as rédeas da própria vida e concretizar seus maiores sonhos. Você também aprenderá e se beneficiará de minha história e experiência a fim de acelerar sua jornada rumo à conquista dos próprios objetivos, quaisquer que sejam eles.

Este método lhe oferecerá as ferramentas essenciais para eliminar com eficácia os obstáculos do caminho e manter vivo seu sonho, mesmo diante das maiores dificuldades e fracassos. Juntos, navegaremos em ritmo constante rumo à realização de seus objetivos e sonhos, atraindo a riqueza, o amor, a saúde, a família, as amizades, o tempo e a liberdade financeira desejados.

Tenho a convicção e já demonstrei que qualquer um é capaz de assumir responsabilidade pela própria vida e começar a se deslocar rapidamente rumo a uma vida de abundância seguindo este guia prático. Ao longo dos anos, ajudei e aconselhei muitas pessoas a seguir meu método pessoal e elas concretizaram seus maiores potenciais e seus sonhos. Assuma o controle de sua vida e de seu destino! Você pode começar a desfrutar uma vida de abundância e realizações agora mesmo!

Meus sinceros desejos de uma vida de prosperidade, sucesso e abundância,

IMPORTANTE

A fim de se beneficiar por completo do Método Delanese, é crucial realizar todas as tarefas propostas ao final de cada capítulo; é por meio das tarefas que você consegue se conhecer de verdade, definir suas prioridades de vida e customizar as ferramentas e os princípios, aplicando-os a suas necessidades específicas, a fim de criar o mapa de sua jornada pessoal, que o levará a alcançar e viver a vida de seus sonhos. Este Livro de Atividades consiste em uma compilação de todas as LIÇÕES CHAVES e TAREFAS, encontradas ao fim de cada capítulo do livro O Método Delanese.

Trata-se de um complemento que oferece aos leitores do e-book e do audiolivro uma maneira eficaz de realizar as tarefas propostas. Além disso, os familiares de leitores da versão impressa podem usar um único exemplar do livro e fazer os exercícios em livros de atividades individuais.

É também uma ferramenta que você pode e deve usar anualmente a fim de refazer as tarefas, para que consiga identificar nuances e mudanças em sua vida e nas circunstâncias, avaliar seu progresso, atualizar suas prioridades, metas e seu progresso rumo à vida de seus sonhos.

Recomendo com forte ênfase que você realize todos os exercícios, seja o mais honesto possível consigo mesmo e faça o firme compromisso de seguir todos os princípios e todas as técnicas apresentadas no livro. É disso que você precisa para começar e ter êxito na jornada rumo a seus sonhos, bem como para alcançar e viver a vida de seus sonhos.

O Livro de Atividades não tem o propósito de substituir o livro O Método Delanese, assim como o *e-book* ou audiolivro, muito embora você possa extrair benefícios dele por meio da internalização das Lições Chaves e da realização de todos os exercícios.

PARTE I

JORNADA RUMO A ABUNDÀNCIA

Este livro começa com a curta história de minha jornada rumo à abundância. Espero que minha experiência ajude você a reconhecer, de maneira bem prática, o poder e a eficácia dos princípios e das técnicas descritos neste livro, quando adequadamente usados. Observe como eles me ajudaram a alcançar o sucesso. Você provavelmente notará meus fracassos, quando foquei em uma única área para obter sucesso, sem me dar conta dos desequilíbrios que estava criando em minha vida naquela época. Confie em mim quando digo que você se beneficiará de minhas experiências.

Uma seção chamada "Sua tarefa" se encontra no fim de cada capítulo. Nela, pedirei que você reflita sobre sua vida, responda perguntas reflexivas e relembre situações nas quais deparou com desafios e não teve escolha, além de transpor os obstáculos. Esses exercícios o ajudarão a definir com clareza seus objetivos e sonhos, a construir um sistema de crenças e a priorizar onde colocar o foco de seus esforços. **Realize as tarefas para garantir que você se beneficiará ao máximo deste livro, realizará seus sonhos e alcançará sua vida de abundância.**

UM SONHO IMPOSSÍVEL

Lição chave: gratidão

Sou grato a meu pai, que, à própria maneira, me ensinou a importância do trabalho duro, do foco, da dedicação, da concentração, da honestidade e da compaixão. Essas mesmas características que ele demonstrava em seu trabalho diário na ferrovia e em casa têm me acompanhado pela vida como blocos construtores fundamentais.

Sou grato a minha mãe por acreditar que eu deveria correr atrás de meu objetivo e me dar reforço positivo. Como é empolgante ter alguém a seu lado lhe dizendo: Você consegue! A crença de minha mãe em mim e em minha meta me motivaram a continuar dando os passos na direção de meu sonho.

Sua tarefa: encontre uma rede de apoio

- Há alguém em sua vida que acredita que você é capaz de realizar seus sonhos? Se houver, quem é, quem são?

- Eles lhe dão apoio e reforço positivo? Em caso afirmativo, como?

- Se você não tem uma rede de apoio, comece a falar de seus objetivos e sonhos para as pessoas próximas. Observe a reação delas. São incentivadoras?

- Elas também acham que suas ideias são boas? Acreditam que você é capaz de colocá-las em prática?

- Foque em pessoas capazes de lhe dar forte apoio emocional. Pergunte se você pode conversar regularmente com elas acerca de seu objetivo. Qual é a melhor maneira de fazer isso? Em geral, é possível encontrar esse tipo de apoio com familiares ou amigos íntimos.

- Dedique tempo para encontrar esses apoiadores antes de começar qualquer iniciativa grande. Tais indivíduos são um componente essencial de sua rede de apoio, sobretudo quando as coisas não acontecerem conforme o planejado. Eles lhe darão motivação e foco. Liste o nome das pessoas que formam sua rede de apoio essencial:

a) ____

b) ____

c) ____

Capítulo 2

SONHOS MAIORES

Lição chave: ter mentores é fundamental

Sou grato a meu primeiro chefe, que me mostrou os conceitos e as ferramentas capazes de identificar as áreas nas quais eu precisava melhorar. Ele me ensinou que eu era capaz de controlar certas facetas de meu crescimento e a dedicar energia àquelas áreas para me desenvolver e evoluir. Você pode fazer o mesmo. Ter mentores é fundamental e você precisa se esforçar para se cercar dos melhores influenciadores e daqueles que já têm bastante experiência.

Sua tarefa: definição básica de metas

Segue-se um exemplo simples para definir rapidamente uma meta e criar um plano de ação para alcançá-la:

A. Escreva de três a cinco metas, aspirações ou vontades que você deseja ter, conquistar ou receber nos próximos seis a doze meses.

   1. ____

   2. ____

   3. ____

4. _______________________________________

5. _______________________________________

B. Agora coloque essas "metas" ou esses objetivos na ordem em que quer alcançá-los.

1. _______________________________________

2. _______________________________________

3. _______________________________________

4. _______________________________________

5. _______________________________________

C. Defina os passos ou as ações essenciais que você precisa realizar a fim de alcançar sua meta principal (B.1 acima).

Anote o tempo necessário para completar cada ação ou passo. Complete a tabela a seguir, listando os passos que você necessita dar em sequência lógica.

MINHA META PRINCIPAL:

____

____

NÚMERO	DURAÇÃO	AÇÕES/PASSOS A REALIZAR
1		
2		
3		
4		
5		

D. Liste os cinco pontos fortes, conhecimentos, circunstâncias, ferramentas e outros recursos que ajudarão você a alcançar a primeira meta que você deseja cumprir (B.1 acima).

1. ____

2. ____

3. ____

4. ____

5. ____

E. Liste os cinco desafios, bloqueios, carências, dificuldades ou qualquer coisa que você imagine que podem atrapalhar ou impedi-lo de alcançar a primeira meta que você deseja cumprir (B.1 acima).

1. ____

2. ____

3. ____

4. ____

5. ____

F. Complete a tabela abaixo, listando os "desafios" (itens E acima), começando com o desafio mais difícil até o mais fácil. Pense na ação ou escolha mais eficaz que você pode fazer para minimizar cada um desses desafios. Alguns dos "desafios" podem ser contrabalançados pelos pontos fortes listados no item D acima?

MINHA META PRINCIPAL:

____

DESAFIOS — 5	AÇÃO PARA MINIMIZAR CADA DESAFIO

Ao completar esses passos simples, agora você entende a sequência de eventos que necessita seguir para alcançar sua meta, o tempo necessário e o que é preciso fazer para minimizar os principais desafios para cumprir seu objetivo. Você pode deparar com eventos imprevistos ou contratempos durante a execução do plano e precisará adaptar o plano para garantir que manterá a mente focada em alcançar o resultado desejado.

Se puder se "visualizar" alcançando a meta e sentindo as emoções que terá quando cumpri-la, seu desejo e a intensidade para conquistar o objetivo se fortalecerão. Você só precisará dar mais um passo para garantir o sucesso: tomar a decisão de trabalhar rumo a seu alvo e ter força de vontade para prosseguir.

Por fim, pegue a meta que você definiu e a descreva em detalhes. Seja específico, acrescentando lugares, cores, distâncias, tamanhos e todos os pormenores relevantes que lhe vierem à mente. É uma boa prática e usaremos essa imagem nos próximos capítulos.

____

____

____

Capítulo 3

A VIDA NO PARAÍSO

Lição chave: por que você deve visualizar seus sonhos

A realização bem-sucedida de um sonho desafiador requer foco em fazer o trabalho necessário e visualizar o resultado desejado. Quando você acrescenta a visualização ao esforço para alcançar seu objetivo, agrega o apoio de seu subconsciente, colocando seu sistema de crenças em ação para manifestar as condições e as circunstâncias de que você necessita para ter sucesso.

Sua tarefa: visualize seu sonho

Quando você tem um sonho, mas não faz a menor ideia de como alcançá-lo, visualize-se no futuro, vivendo a vida que você terá após realizar o sonho. Pegue o sonho que você descreveu no capítulo anterior e acrescente detalhes emocionais: como você vai se sentir, conversar e agir depois que atingir sua meta ou seu sonho. A carga emocional ligada a um sonho torna a atração e a realização muito mais rápida e forte. Falaremos mais sobre isso depois. Por enquanto, porém, anote esses detalhes aqui:

Capítulo 4

MELHORES E PIORES MOMENTOS

Lição chave: acolha a adversidade

Com muita frequência, pequenas mudanças acontecem em nossos relacionamentos quando ocorrem desconexões mínimas entre as partes. A princípio, são quase imperceptíveis. Não nos damos conta delas, mas acabam se juntando com o tempo, erodindo a qualidade e a saúde de nossa vida e dos relacionamentos. Mesmo quando percebemos que algo não vai bem, talvez evitemos o diálogo difícil necessário para esclarecer os sentimentos ou as ações que podem afetar nossas interações, causando deterioração ainda maior, até que seja tarde demais. Conversar sobre os desafios e as adversidades não só impede que problemas significativos aconteçam em nossos relacionamentos, como também nos ajuda a desenvolver mecanismos mais fortes de enfrentamento, a fim de superar tudo que cruzar nosso caminho.

Sua tarefa: tenha consciência do equilíbrio em seu estilo de vida

Avalie quanto equilíbrio você tem na vida.

Qual é seu grau de satisfação nas diferentes áreas da vida? Leve em conta aspectos como finanças, riqueza, relacionamentos, saúde, religião, família e todas as outras áreas pertinentes.

Identifique a área que o está deixando menos satisfeito. Pense então em algo, mesmo que seja pequeno, que você pode começar a fazer agora mesmo para melhorar a situação.

1. Área preocupante: ______________________________

2. Ação para melhorar a satisfação: ______________

____

Dedique um pouco mais de tempo para melhorar a qualidade do que precisa ser mudado e você perceberá um aumento rápido em satisfação. Quanto antes, melhor. Dedicaremos mais tempo ao tema da autoconsciência em um capítulo posterior.

Capítulo 5

RENASCIMENTO

Lição chave: tornemos a vida memorável!

Os desafios e obstáculos são oportunidades para nos ajudar a dominar nosso desenvolvimento e nos tornar mestres de nosso destino. É importante usá-los para aprender e nos desenvolver, cientes de que todo dia oferece um novo começo e temos o poder de criar nosso futuro de acordo com nossos desejos.

Somos o resultado de nossos pensamentos. Eles ativam nossos sentimentos e servem de gatilho para o subconsciente, resultando em atos que nos movem na direção de nossos sonhos. Certifique-se de estar sempre consciente de seus pensamentos. Concentre-os em seus sonhos e desejos, garanta que são para o bem de todos e faça questão de realizá-los. Escolha construir uma vida memorável!

Sua tarefa: parta para a ação!

No capítulo anterior, você identificou aquela área em sua vida na qual você se encontra menos realizado e identificou algo que pode começar a fazer agora mesmo para melhorá-la. Não procrastine! Parta para a ação! Conforme demonstraremos nos próximos capítulos, isso é algo especialmente importante a se realizar a fim de começar a ver melhoras, antes mesmo de identificar e definir suas metas principais.

Nós recomeçamos todos os dias onde estamos e com o que temos, a despeito do passado. Hoje é o único dia em que você pode pensar, falar e agir a fim de modificar e melhorar suas condições e circunstâncias no futuro. Não perca essa oportunidade de ouro. Comece a desfrutar sua vida hoje. E, ao fazê-lo, recorde-se constantemente de seus sucessos, de suas realizações e de seus momentos felizes. E seja grato pela pessoa que você se tornou!

Lembre-se: ao decidir mudar, tome a decisão comprometida de deixar o passado para trás.

PARTE II

DESENVOLVIMENTO DA FORÇA MENTAL

Agora vamos voltar nossa atenção para a essência do Método Delanese, que foca em técnicas e ferramentas para ajudar você a desenvolver ou melhorar sua autoestima e seu sistema de crenças. Ao fazê-lo, teremos maior consciência de quem somos e então estabeleceremos a mentalidade adequada que nos dará um alicerce sólido para apoiar e realizar nossos sonhos.

Sem um alicerce sólido, uma casa não tem a menor chance de permanecer firme durante um temporal insólito. De maneira semelhante, se você tentar alcançar um objetivo, realizar um sonho ou ter uma vida de abundância sem firmeza mental intensa e controle de suas atitudes e crenças, não superará os muitos desafios e as diversas dificuldades que encontrará na estrada a sua frente.

O desenvolvimento da força mental é imprescindível para seu sucesso!

Escanear o marcador abaixo usando o aplicativo Hasmark:
o vídeo começa em inglês
para espanhol, pressione o BOTÃO VERMELHO
para PORTUGUÊS, pressione o BOTÃO VERDE

OU

LER ESTE QR CODE COM SEU TELEFONE
PARA ASSISTIR O VÍDEO EM PORTUGUÊS

Capítulo 6

UMA VIDA DE ABUNDÂNCIA

Lição chave: abundância

A abundância é um conceito fluido. Ela muda a todo instante e evolui junto com seu crescimento. Ao escalar uma montanha, ficamos mais conscientes do novo ambiente, dos desafios e das possibilidades. Enquanto realiza seus sonhos, você se dá conta de que tem potencial para crescer muito mais em todas as áreas da sua vida. Nos capítulos anteriores, dá para reconhecer como meus sonhos evoluíram: do sonho de um dia ter uma casa própria, a viajar o mundo, aprender sobre outras culturas e experimentá-las, desenvolver excelentes relacionamentos, viver com conforto e, por fim, cuidar bem da alma. É um processo que jamais acaba. Agora mesmo, meu sonho de vida abundante inclui ajudar os outros a alcançar seus sonhos e se tornar pessoas melhores. Essa é a beleza do processo. Trata-se de uma jornada sem fim rumo à realização e à felicidade, tornando-se alguém melhor ao longo do caminho.

Sua tarefa: detalhe seu sonho

Dedique um tempo para se conscientizar da jornada que você já trilhou. Reveja suas respostas nos últimos capítulos. Esclareça em detalhes e escreva como vislumbra que será sua futura vida de abundância. Prepare-se, uma vez que sua nova jornada está apenas começando, com o apoio das ferramentas e dos princípios que abordaremos nos próximos capítulos!

Capítulo 7

CONHECE A TI MESMO

Lição chave: entenda onde você está na vida

À medida que você se prepara para iniciar sua nova jornada, é fundamental saber onde você está na vida, a fim de conseguir definir a melhor rota rumo a seu destino. Essa sensação e a capacidade de rastrear o progresso pode ser uma ferramenta maravilhosa para esclarecer quanto à estrutura atual de sua vida. Descobrir "quem você é" é a melhor maneira de começar sua jornada rumo à prosperidade!

Sua tarefa: avalie sua satisfação

Primeiro, identifique quem você é. Isso ajudará a preparar o caminho para desenvolver suas metas, seus sonhos e suas prioridades. Dedique um tempo tranquilo a sós e complete o exercício a seguir por inteiro. Seja o mais honesto possível, uma vez que isso aumentará sua conscientização e trará indicativos de sua percepção e satisfação com sua vida atual. Sinta-se livre para acrescentar mais detalhes ou áreas que achar importante para sua experiência pessoal. Quanto mais detalhes agregar, mais você se beneficiará dessa autoavaliação.

Começamos reconhecendo e aprendendo mais sobre nossas competências e crenças. São os pensamentos e ideais fundamentais que entram em sua mente e sustentam seu comportamento e suas concepções.

1. Cite seus cinco pontos mais fortes (as atividades ou tarefas nas quais você se destaca e sempre realiza com prazer e facilidade).

   1. ____

   2. ____

   3. ____

   4. ____

   5. ____

2. Cite cinco áreas de sua vida que necessitam melhorar (áreas que são importantes para sua vida, seu trabalho ou seus relacionamentos. São coisas que você não gosta de fazer — ou até mesmo *detesta* realizar!).

   1. ____

   2. ____

   3. ____

   4. ____

   5. ____

3. Cite algumas crenças fundamentais e valores centrais que são inegociáveis para você (os exemplos podem incluir: honestidade, compromisso, confiabilidade, lealdade etc.).

   1. ____

2. _______________________________

3. _______________________________

4. _______________________________

5. _______________________________

4. Cite as áreas de sua vida que mais o incomodam, as áreas com as quais não está nada satisfeito em relação aos resultados ou às condições atuais. Identifique as áreas e, em cada uma delas, explique por que não está satisfeito ou as possíveis causas de insatisfação.

Áreas com as quais você não está satisfeito na vida	Por que você não está satisfeito? O que falta? Quais são as prováveis causas?

5. Cite as cinco áreas de sua vida que estão indo muito bem, nas quais você se sente em sua melhor forma e está mais satisfeito. Descreva, para cada uma, os detalhes específicos que o deixam satisfeito e que lhe dão senso de realização.

Áreas da vida com as quais você se sente muito bem:	O que lhe dá satisfação em cada área?

6. Quais são seus maiores medos? Cite cinco, com uma curta descrição de porque você teme essas situações, circunstâncias, ideias ou condições. Descreva as possíveis consequências caso eles se materializem. O que os desencadeou? Como ou por que você começou a sentir cada um desses temores? O que você mais teme?

Cite primeiro seu maior medo:	Por que você escolheu esse medo? O que o desencadeia? Como ele começou?

Usaremos essas informações nos capítulos seguintes.

Nível de satisfação

Agora avalie quão satisfeito ou feliz você se sente nas diferentes áreas da vida a seguir. Use a escala abaixo, que cita diferentes graus de satisfação, e não repita o mesmo número. Estamos apenas ordenando as áreas:

8 — Você está extremamente satisfeito e se sente ótimo.

7 — Você está muito satisfeito e se sente muito bem.

6 — Você está satisfeito.

5 — Você está um pouco satisfeito.

4 — Você está relativamente insatisfeito.

3 — Você está insatisfeito.

2 — Você não está nada satisfeito.

1 — Você se sente péssimo a esse respeito.

Avaliação (8 - melhor, 1 - pior)	Áreas da vida	Descrição
______	Finanças	Sua poupança para o curto prazo, dívidas atuais, cartão de crédito, financiamento de carro, empréstimo de curto prazo, mensalidades escolares, empréstimo estudantil, linhas de crédito. Como você se sente em relação ao percentual de suas dívidas em comparação com sua renda mensal?
______	Patrimônio	Seus investimentos de longo prazo, financiamento da casa própria, casa de férias. Veículos, obras de arte, coleções, renda passiva. Frequência de férias longas ou grandes reuniões e festas com familiares e amigos. Qual é seu grau de segurança em relação a seu futuro financeiro?
______	Relacionamentos — vida familiar e amorosa	Seus relacionamentos com cônjuge e filhos. Qual é o grau de abertura na comunicação, confiança e lealdade entre vocês?
______	Relacionamentos — amigos	Confiança, frequência dos encontros, nível de apoio mútuo, respeito, suporte, número de amigos, grau de amizade.

_______	Vida profissional	Progresso na carreira, remuneração, perspectiva futura, potencial de crescimento, ambiente de trabalho, cultura, localização satisfatória, ambiente de confiança, liderança, comunicação. É um ótimo lugar para se trabalhar?
_______	Saúde física	Exercícios e esportes — frequência, intensidade, ambiente, energia, vitalidade, sensação de saúde. Frequência de _check-ups_ médicos. Faz uso contínuo de remédios?
_______	Saúde física/saúde emocional	Hábitos de sono e níveis de estresse; voçê é otimista, ansioso, deprimido, tenso, preocupado, feliz, tranquilo?
_______	Religião e espiritualidade/ esfera filosófica	Passa o tempo desejado meditando, lendo, participando de reuniões da sua religião ou organização filosófica de sua preferência? Sente-se apoiado por familiares e amigos nessas áreas? Sente paz, harmonia? Está satisfeito com a vida?

Esse é um ótimo exercício para revisitar anualmente. Ele ajuda a identificar nuances e mudanças em sua vida, a condição de suas circunstâncias e a percepção atual de sua vida. É um bom indicador para identificar e ajudar a atualizar seus planos e suas metas de curto e longo prazo.

Capítulo 8

PONTOS FORTES

Lição chave: os pontos fortes nos impulsionam

Cada um de nós possui um conjunto de pontos fortes que nos permite ter sucesso. Depende de nós nos conscientizarmos deles a fim de usá-los com eficácia para apoiar nosso esforço de alcançar nossas metas e superar obstáculos. Eles nos dão o impulso necessário para desempenho e conquistas superiores. As preferências, os comportamentos, as atitudes e os pensamentos recorrentes nos dão pistas das áreas em que temos talentos.

Sua tarefa: pontos fortes e pontos a melhorar

1. No capítulo anterior, você avaliou seu nível de satisfação em oito áreas da vida. Reveja as áreas que você deu notas seis, sete e oito e identifique quais pontos fortes (exercício 1 do mesmo capítulo) estão ajudando você a alcançar um bom desempenho. Escreva-os ao lado de cada uma.

Do último capítulo: exercício de índice de satisfação — cite os itens que você avaliou com 6, 7 e 8.	Do último capítulo, exercício 1: cite os PONTOS FORTES que ajudam nessas áreas com as quais você se sente extremamente satisfeito.

2. Reveja as áreas com pontuação baixa e identifique algumas das causas que têm levado os resultados a estar abaixo de sua expectativa.

Do último capítulo: exercício de índice de satisfação — cite os itens que você avaliou com 1, 2 e 3.	Em sua opinião, o que causa a insatisfação?

3. Reflita nas causas da baixa satisfação e avalie como o "comportamento ou atitudes" suas e de outros estão habilitando os resultados ruins ou contribuindo com eles. Escreva as causas abaixo. São áreas com oportunidade para melhorar.

____

____

____

____

4. Alguns dos pontos fortes citados no exercício 1 acima podem ajudá-lo a melhorar nas áreas nas quais você tem considerado seu desempenho insuficiente? Seja criativo! Identifique e pense em como você pode fazer uso de seus pontos fortes em uma área para influenciar o resultado de outras áreas da vida. Você poderá se surpreender!

____

____

____

____

Seus pontos fortes podem empoderá-lo na direção de seu destino final na vida. Esse exercício deve ajudá-lo a identificar como você pode usar alguns desses pontos positivos para melhorar áreas não relacionadas a eles. Não pare e não viva das vitórias passadas. Dedique-se 100% a seus pontos fortes e sempre trabalhe com dedicação para garantir que seus pontos fracos não obscureçam tudo de bom que você tem a oferecer ao mundo.

Capítulo 9

GERENCIAMENTO DO ESTRESSE

Lição chave: controle do estresse

O estresse é parte normal de sua existência. Resistiu ao teste de milhares de anos de nossa sobrevivência. Não espere ser a primeira pessoa a não senti-lo. Sua maneira de reagir ao estresse e os passos que você dá para reduzi-lo e mitigá-lo costumam fazer a diferença em relação ao impacto que ele terá sobre sua vida.

Sua tarefa: técnica de redução do estresse em cinco minutos

Este exercício de cinco minutos é extremamente poderoso. Não permita que sua brevidade o engane. Não o rejeite por parecer simples ou fácil demais. A maioria das pessoas que usa essa técnica confirma que ela reduz intensamente o estresse e melhora várias outras áreas da vida.

Aqui vamos nós:

- Encontre um lugar no qual possa permanecer em silêncio por cerca de cinco minutos. Se você estiver trabalhando, pode permanecer em sua mesa, ir ao banheiro ou simplesmente se assentar em qualquer local a sós durante esse curto período.

- Sente-se de maneira confortável, feche os olhos e relaxe os músculos o máximo possível.

- Respire normalmente, enchendo os pulmões por completo: ***concentre toda a sua atenção no ar que entra e sai de suas narinas***. Foque a sua atenção nas narinas!

- Concentre toda sua atenção no ar que entra e sai. Imagine que está tentando identificar as notas suaves de um perfume.

- Continue a focar e a notar o ar que entra e sai.

- Se sua mente vagar para outro lugar, traga-a de volta para a respiração e o ar que entra e sai pelo nariz.

- Permaneça focado no "ar" por cinco minutos.

- Abra os olhos, respire fundo e retorne a seus afazeres.

Você se sentirá muito melhor! É garantido! Quando você começar a praticar esse exercício, sua mente tenderá a divagar, começar a pensar em outras coisas. Ao perceber isso, simplesmente retorne o foco às narinas! Com o tempo, você ficará cada vez mais habituado a essa prática, o exercício se tornará mais fácil e os resultados serão exponencialmente melhores. Recomendo que você pratique esse exercício por cerca de cinco minutos toda vez que se sentir estressado. Se tiver tempo, dez minutos trarão benefício máximo. Pratique! Você provará para si mesmo que esse é um dos melhores exercícios para reduzir seu estresse e melhorar sua saúde mental.

Capítulo 10

AUTOESTIMA

Lição chave: uma autoestima saudável é indispensável

Uma autoestima positiva e saudável é uma ferramenta poderosa que o ajudará a navegar em meio aos obstáculos e aos pessimistas de plantão que você encontrará durante sua jornada rumo aos sonhos e a uma vida de abundância. Faça questão de desenvolvê-la. Recorde suas últimas conquistas e seus sucessos. Você os comemorou? Como se sentiu? Reviva esses momentos e associe os sucessos aos sentimentos que vivenciou. A vida deve ser vivida com alegria, paixão, poder, sempre "na direção de" algo. Ao conquistar um marco, celebre suas realizações. Se você não comemorar seus sucessos, ninguém o fará! Isso é fundamental para desenvolver sua autoestima e seu senso de valor próprio. Celebre sempre! Até mesmo as menores realizações. Vale a pena...

E o faz lembrar de que você é uma pessoa de valor!

Sua tarefa: construa a base de sua autoestima

Cite as realizações mais significativas em diferentes áreas de sua vida. Recorde alguns grandes acontecimentos do passado. Também inclua outros mais recentes, a despeito de serem grandes ou pequenos. Dedique algum tempo lembrando os sentimentos que você teve ao alcançar cada uma dessas realizações. Crie um relato de memórias desses sentimentos e das emoções que vivenciou. Cada vez que passar por um momento de incerteza ou dúvida, relembre suas conquistas, sensações e emoções anteriores. Lembre-se de que você tem tudo de que necessita para alcançar qualquer coisa que decidir fazer.

____

____

____

____

____

Exercício de desenvolvimento da autoestima:

Lembre-se de uma conquista recente, grande ou pequena. Convide um amigo para comemorá-la com você! Diga à pessoa que você está celebrando uma conquista. Isso o fará se sentir bem e reforçará sua confiança, autoestima e valor próprio. Seu amigo também se sentirá bem!

Capítulo 11

SISTEMA DE CRENÇAS

Lição chave: afirmações

As afirmações consistem na maneira mais eficaz de elevar o nível de nosso sistema de crenças. São declarações que representam as novas crenças que desejamos incorporar em nosso subconsciente, a fim de se tornarem parte de nosso sistema de crenças!

Sua afirmação, a nova declaração de verdade, deve ser:

1. **Pessoal**: a afirmação deve começar com a palavra "eu" e ser sucedida por um verbo de ação, como "sou", "alimento", "sinto" ou "creio". Descreve algo em que VOCÊ acredita, que faz ou sente. A declaração sempre precisa refletir uma ação ou ideia que o empodere e o torne melhor, sem incluir nenhuma outra pessoa.

2. **Presente**: o verbo sempre deve estar no presente. É importante deixar claro para seu subconsciente que isso é algo que você está fazendo agora mesmo, não no futuro. Se você escrever: "Eu serei saudável", está dizendo a sua mente que não é saudável neste momento. Você apenas

planeja ser saudável no futuro. O que você deve dizer é: "Eu sou saudável!".

3. **Positiva**: as afirmações sempre são positivas. Você declara o que quer e o que sente, não o que não quer. A declaração não pode ser negativa, do tipo: "Eu não estou doente!". Isso não funciona. Para que sua mente processe de forma eficiente, a afirmação deve ser: "Eu sou saudável! Eu sou forte! Eu tenho energia, vitalidade!".

4. **Cheia de energia**: escreva uma afirmação forte. Acrescente emoção, algo que dê poder a ela. Acrescente redundância, por exemplo: "Todos os dias eu acordo feliz, saudável, cheio de energia e vitalidade!".

Sua tarefa: crie sua afirmação

Pense nas diferentes partes de sua vida e nos resultados que você registrou nos capítulos anteriores. Escolha uma área na qual você possui uma crença desestimuladora, uma limitação pessoal enraizada em seu subconsciente.

Escreva uma afirmação que reflita aquilo que você deseja em sua vida. Anote como você se enxerga após eliminar essa crença desestimuladora e a substitua por uma nova crença empoderadora. Siga as diretrizes que acabamos e apresentar. Comece com "eu"; em seguida, use um verbo de ação no presente e escolha palavras fortes, positivas e, se, possível, que envolvam emoções, sentimentos.

Leia a afirmação para si. Leia em voz alta. De novo. Sinta que está vivendo a nova realidade. Leia algumas vezes por dia, ao longo de algumas semanas e você começará a perceber a diferença que

vai sentir, a nova realidade que construiu em seu subconsciente.
Parabéns!

PARTE III

DEFINIÇÃO E CONQUISTA DE UMA VIDA PRÓSPERA E ABUNDANTE

Os capítulos anteriores prepararam você para lidar de maneira eficaz com qualquer desafio, real ou imaginário. Munido dessas ferramentas, você pode começar sua jornada para alcançar a desejada vida de abundância.

Nos próximos capítulos, nós o guiaremos pelo caminho rumo à concretização de seus objetivos e sonhos. Abordaremos como estabelecer uma sequência que garanta não só a realização de seu sonho de vida, mas também o início imediato de uma vida abundante.

O diferencial do Método Delanese é a garantia de que você tem tudo de que precisa para superar desafios e obstáculos durante sua jornada rumo a uma vida de prosperidade e abundância, sem precisar abrir mão ou se contentar com menos do que deseja. Não há alegria melhor do que aproveitar a jornada. A terceira seção do livro o ajudará a fazer isso.

Alcançar e viver uma vida de prosperidade e abundância consiste em uma iniciativa vitalícia. Ao prosseguir nessa importante jornada dia após dia, você não só desfrutará novos resultados e qualidade de vida, como também irá crescer, expandir os horizontes e focar em resultados que irão além de sua definição inicial de sonhos. Lembre-se: uma vida longa de descobertas e recompensas criará sua melhor versão de sucesso e felicidade.

Bem-vindo a um novo paradigma! Desfrute a jornada!

Capítulo 12

A MENTALIDADE

Lição chave: os pensamentos ditam o sucesso

Somos o resultado de nossos pensamentos. Séculos de filósofos e pensadores têm proposto amplamente essa teoria como fato. Se alimentarmos pensamentos de dúvida e medo, jamais realizaremos nossos objetivos e sonhos. Se, em vez disso, focarmos em aumentar a conscientização acerca de nossos pensamentos, usarmos as ferramentas para garantir que melhoraremos nosso sistema de crenças, nos concentrarmos em pensamentos positivos e conservarmos uma atitude positiva, então é bem provável que concretizaremos nossos objetivos e sonhos. Não tenha dúvida de que você alcançará aquilo em que mais pensa! Então faça a escolha certa, pense positivo, pense naquilo que você quer e deseja e você alcançará o auge de seus sonhos na vida.

Sua tarefa: desafie seus sonhos

Revise o sonho que você delineou nos capítulos anteriores. Ele exige que você dê seu melhor? É desafiador? Se for, isso deve lhe dar uma sensação de confiança e expectativa em relação aos resultados que você sem dúvida alcançará. Ao rever seu sonho, talvez você acabe deparando com uma área ou um aspecto particular com o qual não se sente confortável em sua capacidade de realizar. Trata-se de uma "crença desestimulante".

Conforme explicado no capítulo anterior, escreva uma afirmação para substituir a atual crença desestimulante. Exercite a conscientização toda vez que pensar em seus objetivos e sonhos. Adquira o hábito de identificar crenças desestimulantes e substituí-las por crenças empoderadoras. Esse é o segredo para construir confiança, um sistema de crenças saudável e uma mentalidade extremamente sólida.

Minha afirmação para construir uma crença empoderadora é:

____

____

____

____

____

____

____

____

____

____

Capítulo 13

DEFINIÇÃO DE UM SONHO

Lição chave: os sonhos são uma prévia de seu futuro

Não importam suas condições atuais ou experiências passadas, você precisa começar com um sonho (ou, melhor ainda, com alguns sonhos), se deseja viver melhor. Não se trata apenas de uma ideia vaga daquilo que você quer. Em vez disso, trata-se de uma descrição detalhada de como você quer viver de tal maneira que consiga enxergar e desfrutar essas coisas em seus pensamentos: a qualidade de sua saúde, dos relacionamentos, da carreira, das finanças, da vida amorosa, liberdade de tempo e dinheiro, contentamento espiritual e felicidade. É importante incluir todos os detalhes necessários para realizar seus desejos. Pense grande! A qualidade de sua vida futura sem dúvida refletirá a qualidade de seus sonhos.

Sua tarefa: expresse seu sonho

Escolha um de seus sonhos. Escreva como você deseja que ele seja quando alcançá-lo. Acrescenta o máximo possível de detalhes. Faça a primeira versão. Leia no dia seguinte. Acrescente mais detalhes, modifique e revise até se sentir confortável, com a certeza de que é exatamente o que você quer.

Posteriormente, transformaremos essa imagem em realidade. Antes disso, porém, avalie se é de fato o melhor que você pode fazer ou se você está se limitando. Já ouvi que as pessoas em geral acreditam que merecem um salário muito mais alto, casa e carro melhores, férias melhores e mais qualidade de vida. Todavia, quando têm a chance de ir em busca desse sonho, acabam se acomodando com algo muito inferior e menor do que sentem e creem que merecem. Sempre colocam um limite na altura do que podem alcançar, apesar de tudo.

Ao começar a jornada rumo a uma vida de abundância, precisamos começar a nos enxergar agora mesmo como quem já está vivendo essa vida abundante —a vida de nossos sonhos. Devemos começar a definir nossa casa, nossos carros, nossas férias, nossos empregos, relacionamentos, nossa saúde, nosso estado de espírito, nossa felicidade, amizade, família e todos os aspectos da vida como desejamos e esperamos que sejam quando estivermos vivendo a vida abundante que almejamos.

Você tem acesso a um poder extraordinário de criação em seu interior. Você merece realizar qualquer sonho que imaginar e no qual acreditar. No livro *Quem pensa enriquece*, Napoleon Hill escreveu: "Qualquer coisa que sua mente puder conceber e acreditar, ela pode alcançar". Pense nisto! Leia a definição de seu sonho. Isso é tudo que você quer? Você não está se acomodando com muito menos do que realmente deseja e merece? Não está colocando restrições naquilo que é capaz de concretizar? Está duvidando de sua capacidade de realizar seus sonhos?

Leia mais uma vez a definição de seu sonho. Não é menos do que você pediria caso soubesse que não há limites ou restrições para alcançá-lo? Não é menos do que você pediria caso soubesse que pode obter, ter e ser qualquer coisa que desejar obter, ter ou ser? Pense nisso por um momento. Se concordar comigo, reescreva e amplie a descrição de seu sonho! Você NÃO precisa saber como irá alcançá-lo, nem mesmo se é possível! Voltaremos a isso depois.

Leia sua definição de sonho vez após vez. Mude-a e a amplie, crendo que não há restrições ou limites para o que você pode obter ou conquistar. Termine de escrever seu verdadeiro sonho de vida antes de seguir em frente para o próximo capítulo.

Capítulo 14

A BUSCA DO SONHO

Lição chave: faça sua lista

Para cada uma de suas metas, crie uma lista de atividades para manter-se a par do progresso durante toda a duração do processo. Ela deve incluir a duração de cada tarefa, os possíveis riscos, os marcos e refletir seu comprometimento de realizar cada tarefa na data estimada. Assuma a responsabilidade de conferir os resultados com regularidade, revisar desvios, ajustar os planos e fazer tudo que for possível para manter a data limite original.

Metade do sucesso da realização de nossos sonhos e metas é resultado de planejamento adequado, estimulação apropriada da duração das atividades, identificação dos riscos, organização e prestação de contas nos marcos.

A outra metade — talvez ainda mais importante no que se refere a garantir a realização bem-sucedida de nossos sonhos e objetivos — é devido a nossa atitude mental, e nosso sistema de crenças. Isso nos dá autoconfiança e força para superar obstáculos e desafios imprevistos. Abordaremos esse tópico em detalhes no próximo capítulo. Com a disciplina apropriada, fazendo o que é necessário, apoiado por uma atitude vitoriosa, não há dúvida de que você é capaz de concretizar qualquer sonho que decidir empreender. Não é uma questão de se você conseguirá, apenas uma questão de quando!

Sua tarefa: elabore um plano para alcançar sua meta

Se a meta que você definiu nos últimos capítulos for grandiosa, selecione um protótipo, um objetivo simples no qual todas as atividades necessárias para a realização estejam sob seu controle. Esse objetivo o ajudará a se familiarizar melhor com a técnica e o que é preciso fazer a fim sair do planejamento e partir para a realização.

Detalhe as atividades necessárias e sua duração. Avalie riscos, defina marcos e escreva a sequência de passos que você dará para executar cada atividades até a realização da meta. Escolha um propósito que você conseguirá realizar em poucas semanas. Que tal um projeto de melhoria em sua da casa? Ou perder um quilo e meio em um mês?

Isso o ajudará a avaliar a qualidade de seu plano e a facilidade de manter o registro de atividades e marcos, bem como conferir se você alcançou os resultados na data limite prevista. Liste as melhorias que você pode implementar a fim de facilitar o método e torná-lo mais confiável para alcançar os resultados previstos. Se você chegar à data prevista conforme planejado, comemore com familiares ou amigos! Caso não consiga cumprir a meta na data prevista, identifique os motivos para isso. O que você poderia fazer de maneira diferente a fim de garantir o sucesso, agora que já sabe o que acontece na vida real? Faça planos para outro projeto pequeno e o realize!

Depois de se sentir confortável com alcançar o sucesso em pequenos objetivos, seja corajoso e passe para um dos projetos desejados maiores, a fim de melhorar sua qualidade de vida. Planeje da melhor maneira possível. Se tiver um familiar ou amigo de confiança com quem possa compartilhar o plano e receber uma opinião crítica, melhor ainda. Mas só lhes peça para validar se você pensou em todas as atividades necessárias, se a duração de cada uma é adequada e se dentificam algum grande risco que possa prejudicar o plano. Não peça, nem aceite comentários em relação ao motivo para querer realizar o plano, se é importante para você ou se é factível. Você só está pedindo que avaliem os passos necessários para alcançar a meta. O objetivo é seu e só você precisa saber por que o está realizando.

Capítulo 15

REALIZAÇÃO DO SONHO

Lição chave: hora de agir!

Você precisa "agir" e executar as tarefas e atividades que planejou a fim de realizar sua meta. Ao combinar suas ações com a visualização e as afirmações, obterá o apoio mental e emocional necessários para enfrentar obstáculos e conflitos. As afirmações e visualizações registram as imagens da meta em seu subconsciente, transformando-as em parte de seu sistema de crenças. Seu subconsciente as entende como verdade e garante que as imagens desejadas se transformem em realidade.

Sua tarefa: comece agora

É imperativo que você comece agora mesmo. Use estas ferramentas para construir o sistema de apoio de que você necessita para cumprir sua meta.

Escreva uma ou duas afirmações que supportem as atividades que você necessita realizar ao longo dos próximos dois ou três meses. Certifique-se de que elas estejam facilmente acessíveis ao longo do dia, quem sabe em seu celular ou no bolso. Leia-as todos os dias enquanto estiver realizando as tarefas, no mínimo uma vez de manhã e outra à noite. Ao recitá-las, mantenha uma atitude de confiança e certeza de estar cumprindo as tarefas com eficácia.

Quanto à visualização, você pode escrever seu sonho, incluindo todos os detalhes, sentimentos, todas as características e emoções que você vivência ao cumprir a meta. Lembre-se dos sucessos do passado. Reviva as emoções e os sentimentos, experimentando-os toda vez que visualizar sua nova meta.

Você deve ler a definição detalhada de seu objetivo por alguns dias ou no mínimo até ter a certeza de que consegue visualizá-lo com todos os detalhes, sentimentos e todas as emoções, sem a ajuda do material escrito. Esses poucos momentos dedicados à visualização e às afirmações aumentarão consideràvelmente suas chances de sucesso.

Afirmação 1:

____

____

____

____

Afirmação 2:

____

____

____

____

Visualização de sua meta:

Capítulo 16

DEFINIÇÃO DE UMA VIDA PRÓSPERA E ABUNDANTE

Lição chave: você pode alcançar a plenitude, se a definir!

Hoje você vive as consequências das escolhas que fez no passado. É possível que tenham sido decisões conscientes, ou apenas deixado o ambiente arrastá-lo, como um navio sem leme. Ou quem sabe você viva de acordo com escolhas feitas por outras pessoas! Agora você sabe que tem todos os elementos necessários para mudar sua qualidade de vida e viver da melhor maneira possível.

Todos nós nos tornamos aquilo em que acreditamos e no que pensamos com maior frequência. Agora é o momento de usar sua criatividade para visualizar a vida que você sonha em viver no futuro. Crie uma imagem clara, viva-a em sua mente e isso se manifestará em sua vida. Hoje você tem a oportunidade de assumir as rédeas de sua vida e redirecioná-la. Chegou a hora de escolher. Escolha o que desperta o melhor em você! Escolha a abundância!

Sua tarefa: sonhar

Imagine-se em um futuro no qual você já conquistou seu sonho e está vivendo e desfrutando sua vida próspera e abundante. Em cada uma das áreas mencionadas abaixo, descreva sua qualidade de vida — como você se sente vivendo no momento, detalhes dos "ideais" que alcançou e desfruta, bem como a interação com a família e os amigos. Você pode até sentir vontade de subdividir ou acrescentar outras áreas importantes da vida para conseguir focar melhor. Esse é o alicerce em cima do qual sua vida plena será edificada. Dedique tempo para fazer o exercício de forma detalhada.

Riqueza e estilo de vida — descreva sua casa, como é ela, seu(s) carro(s), onde passa as férias, quanto dinheiro poupado e investido, seus imóveis, o tipo e a frequência do engajamento e entretenimento que você desfruta com familiares e amigos. Casa de temporada, carros, barco? Coleções? Joias?

Vida profissional — descreva suas responsabilidades no trabalho, sua função, seu título, salário, as perspectivas de crescimento na carreira, as promoções, seu nível de influência, participação ou apresentação em congressos, recompensas, treinamentos, mudanças planejadas. Qual é seu grau de satisfação com essa função? Você está usando seus principais talentos? Recebe a remuneração desejada e merecida?

Família e relacionamentos — descreva suas interações com marido, esposa, ou pessoa significante em sua vida, filhos e amigos, com que frequência passam tempo juntos e que tipos de atividades desfrutam na companhia uns dos outros. Todos se sentem confortáveis para falar acerca de problemas, temores ou preocupações particulares? Vocês se juntam para planejar atividades em grupo? Todos têm tempo a sós?

Vida espiritual e emocional — quanto você se conhece? Descreva as atividades e o tempo gasto desafiando a mente, lendo, colocando em prática seus valores, fazendo parte de um grupo religioso, cultural ou filosófico. Você está focado em melhorar sua autoimagem, autoestima e valor próprio?

Vida física — seu peso, sua circunferência abdominal, a frequência da prática de atividades físicas ou esportes, os hábitos alimentares, as funções vitais etc. Quanta energia e vitalidade você tem ao se levantar pela manhã? Como vai sua saúde? Faz uso constante de algum remédio?

Avalie sua visualização:

Você se sentiu confortável ao realizar este exercício?	SIM _____ NÃO _____
Gostou de pensar sobre seu futuro e de visualizá-lo?	SIM _____ NÃO _____
Conseguiu imaginar os detalhes de sua vida dos sonhos?	SIM _____ NÃO _____

Esse exercício deve ser inspirador. A ideia é que você o termine se sentindo animado, confiante, grato e motivado a começar sua jornada rumo a sua vida plena.

Advertência: você pode ter respondido "não" a algumas perguntas acima. Você não se sentiu inspirado por este exercício. Se for o caso, é bem provável que sua mente esteja distraída ou estressada por preocupações, medos ou lutas atuais. Não há nada de errado nisso.

Todos passamos por momentos nos quais condições prementes demandam nossa atenção imediata. Isso significa apenas que não é um bom momento para realizar o próximo exercício. Dedique um tempo para resolver as necessidades mais urgentes e aguarde uma ocasião mais apropriada para dedicar tempo de qualidade ao desenvolvimento da visualização do plano focado em construir o futuro brilhante de sua imaginação. Você saberá quando chegar a hora adequada. Então prossiga para o exercício seguinte.

Os exercícios anteriores devem ter impulsionado você a descrever a visão ideal de sua vida. Quando você alcançar esse estado de realização em cada uma das áreas mencionadas acima, sem dúvida viverá sua vida plena.

Usando os ideais que você acabou de descrever, escreva como você está vivendo e desfrutando cada área de sua vida plena. Por exemplo, na esfera dos relacionamentos, escreva sobre seu grau de felicidade na companhia das pessoas importantes de sua vida. Explique por que você está mais feliz agora, como se sente e descreva sua nova vida em detalhes: como você vive com a família, os amigos e os colegas; como eles estão felizes; como você se sente feliz ao tê-los em sua vida; as emoções e os momentos extraordinários que desfrutam juntos; os lugares aonde vão, o que fazem juntos. Descreva em detalhes suas emoções e os momentos de felicidade que desfrutam juntos. Seja o mais realista e detalhado possível.

Esta é a imagem da vida que você alcançará!

Acrescente todos os detalhes que a tornam extraordinariamente especial, que a fazem ótima! Repita-os para cada área de sua vida. Sempre comece com *"Eu sou..."* ou *"Eu estou..."* no presente. Seja afirmativo e positivo. Opte por palavras cheias de emoções etc.

Eu estou vivendo a vida plena, próspera e abundante com a qual sempre sonhei. Minha saúde:

Eu sou..

....

....

....

....

Minha vida (onde e como eu vivo):

Eu sou..

....

....

....

....

Meus relacionamentos/minha família/vida amorosa:

Eu sou..

....

....

....

....

Meus relacionamentos/amigos, colegas:

Eu sou..

....

....

....

....

....

Minha carreira/empresa/vida profissional:

Eu sou..

....

....

....

....

....

Minha liberdade financeira:

Eu sou..

....

....

....

....

....

Meu patrimônio e estilo de vida:

Eu sou..

....

....

....

....

....

Minha vida espiritual/filosófica:

Eu sou..

....

....

....

....

....

Outras áreas relevantes de minha vida:

Eu sou..
....
....
....
....
....

Capítulo 17

REALIZAÇÃO DE SUA VIDA DE ABUNDÂNCIA

Lição chave: viva com abundância

O ato de conquistar sua vida plena exigirá que você identifique todas as áreas que não alcançam o ideal desejado de plenitude e então a elaboração de um plano para preencher a lacuna em cada área de sua vida. Você deve registrar o plano por escrito e manter um registro de cada ação e resultado, ajustando-o até cumprir cada etapa. Não é preciso começar com cinco, dez ou vinte metas e sonhos de uma vez. Isso seria uma receita para o fracasso. Comece com poucas, talvez com as áreas de sua vida com as quais você se sente menos satisfeito ou que mais lhe causa dor. Depois de fazer bom progresso em uma, acrescente ou comece outra, até abranger cada área de sua vida. Avalie seu nível de satisfação em todas as áreas de sua vida no mínimo uma ou duas vezes por ano, focando sempre em melhorar as áreas com maior índice de insatisfação.

Não se esqueça de que você não precisa alcançar equilíbrio em todas as áreas de sua vida para começar a viver uma vida de abundância. Você deve viver e desfrutar a plenitude ao longo da jornada, começando com o momento em que você se compromete a começar a fazer pequenos aperfeiçoamentos em si e em sua vida. Celebre cada pequena melhoria e sucesso que você alcançar. Envolva seus entes queridos na jornada, uma vez que há mais força no trabalho e compromisso mútuos. A jornada será mais recompensadora e divertida se a família celebrar em conjunto cada marco conquistado.

Esse processo é contínuo, jamais terá fim. Ao se concentrar em se tornar alguém melhor, em fazer melhoras graduais, você logo perceberá que a qualidade de todos os aspectos de sua vida melhorará e você encontrará continuamente novas oportunidades para sonhar e se aperfeiçoar.

Sua tarefa: parta para a ação, comece a jornada

Você realmente deseja criar a vida que de seus sonhos? Viver uma vida abundante? É isso que você de fato quer? Se for, comprometa-se aqui e agora de que começará essa jornada recompensadora, partindo para a ação da seguinte forma:

1. Escolha duas áreas de sua vida com as quais você se sente insatisfeito.

2. Desenvolva duas metas ligadas à primeira, que criem a visão de satisfação plena nessa área. No longo prazo, é possível que você necessite identificar muitas metas para alcançar abundância nessa área. No entanto, comece com as duas que darão os melhores resultados iniciais e depois acrescente outras, à medida que completar cada um dos objetivos desejados.

3. Em relação à segunda área que necessita melhorar, desenvolva uma meta que gere satisfação e esteja alinhada com seu sonho para essa esfera.

4. Siga as diretrizes propostas nos capítulos anteriores a fim de definir seu plano (atividades/tarefas, linha do tempo, datas limites, marcos).

5. Elabore afirmações; uma visão para cada meta e então comece o processo de visualização no mínimo duas vezes por dia e de afirmação diversas vezes ao dia até você realizar as metas.

6. Converse sobre seu plano com pessoas que possam apoiá-lo. Se for apropriado e você ainda não tiver feito isso, comunique as metas a seus familiares e amigos que serão impactados por seu crescimento. Engaje-os para que o ajudem e lhe deem feedback.

7. Comece cada tarefa conforme planejado e registre seus resultados. Faça adaptações ou ajustes quando necessário. Finalize cada uma.

8. Comemore cada melhora, marco e *feedback* positivo. Converta essas celebrações em um sistema de reforço afirmativo que dará ainda mais energia a seu sistema de crenças.

AÇÃO é o motor que levará seus sonhos à fruição. Um navio precisa deixar o porto da mesma forma que um avião necessita decolar a fim de se deslocar rumo a seu destino. O mesmo se aplica a você. Se você não agir, seus objetivos e sonhos não podem se tornar realidade. Comece agora!

Capítulo 18

O QUE ESTÁ IMPEDINDO SUA VIDA DE PROSPERIDADE E ABUNDÂNCIA?

Você tem um belo sonho ou um desejo que imagina que não conseguirá alcançar? Sente que talvez não o merece? Que não é digno? Tem medo de falhar? Acha que está no lugar errado? Não tem confiança? Em caso afirmativo, saiba que você é humano, assim como todos nós.

Você se lembra de quando era criança? Todos tínhamos grandes sonhos para a vida: "Serei bombeiro!"; "Vou ser médico!"; "Eu irei à lua!"; "Eu serei milionário". Anunciávamos esses desejos a todos, com confiança!

Então crescemos ouvindo constantemente expressões como: "A vida é difícil"; "Contente-se com o que tem"; "Seja feliz onde está"; "Não temos dinheiro para isso"; "Quem você pensa que é?", "Isso é só para o 1% que está no topo"; "Não pode ter, não pode fazer, não pode ir". Então nos sentimos envergonhados ou até culpados por desejar algo extraordinário para a nossa vida, algo que desejamos para nossa vida, algo que está esperando para ser expresso em nossa vida, simplesmente porque fomos treinados a vida inteira para escolher o caminho mais seguro, não nos arriscar, não errar. Com medo da reação de nossos melhores amigos, preferimos não lhes contar nossos sonhos de começar um novo negócio, mudar de carreira, construir uma casa grande, viajar o mundo, escrever uma série de livros e viver uma vida de abundância.

Se alguma dessas declarações se aplica a você, você faz parte da maioria esmagadora da população que não tem controle algum sobre a própria vida e se sente presa onde se encontra. Tais indivíduos podem estar seguindo a multidão; são um navio sem leme. Essa é a realidade nua e crua! Estou lhe dando uma chance, neste momento: Eu lhe dou a permissão para "fazer uma escolha" neste exato momento que pode mudar sua vida para sempre!

Você deseja ter total controle sobre seu destino? Realizar seu sonho mais querido, que acabou enterrado dentro de você? Ou está feliz em simplesmente seguir a maioria? Em viver uma vida medíocre sem grandes realizações? Sem uma grande recompensa? Sem prosperidade e abundância? Sem realizações? Estou aqui para lhe dizer que você *pode* alcançar o sonho que tem em mente e o fará caso se comprometa agora mesmo a seguir todos os passos expostos neste livro.

Pare um pouco. Pense em quem você realmente é. Reflita um pouco em seu corpo e em todas as funções que ele desempenha para mantê-lo com vida. Como ele respira dia e noite, processa o alimento para conservar sua saúde, combater doenças e manter todas as funções de preservação da vida enquanto você dorme. Você é capaz de pensar, imaginar, se comunicar, ajudar, colaborar, sonhar, chorar, rir, ter consciência do que está à sua volta e até mesmo decidir como quer usar sua inteligência e imaginação para crescer, construir, expandir, realizar, explorar e viver da maneira que desejar.

Você é um ser extremamente sofisticado, com poder e potencial imensuráveis! Só você pode decidir como quer usar seu potencial pleno. Que desperdício ter todos esses poderes à nossa disposição e não os usar, viver uma vida corriqueira sem qualquer crescimento, expansão e realização, fazendo apenas o mínimo para sobreviver e agradar os outros.

Faz todo sentido que nosso objetivo de vida — nossa obrigação e responsabilidade — seja usar tudo que somos, todo o potencial que temos para nos tornar o melhor que pudermos, a fim de desenvolver, expressar e manifestar o melhor de nossa potencialidade. Só depende de cada um de nós decidir como viveremos. Tomamos essa decisão todos os dias, de maneira consciente ou inconsciente.

O que você prefere?

Trabalhar para pessoas que estão transformando o sonho *delas* em realidade, ou trabalhar para transformar *seus* sonhos em realidade?

Dá para imaginar a satisfação e a realização quando, ao fim de seus dias, você olhar para trás na vida e saber que fez o melhor que pôde com tudo que tinha — em vez de olhar para trás e perceber que você não tem nada a mostrar porque sempre seguiu os outros!

Se você está lendo este livro, é porque sabe que há algo dentro de você maior do que aquilo que você está realizando agora mesmo.

Você sabe que pode ser mais forte e melhor do que é agora mesmo. Confio que você se comprometerá, aqui e agora, a usar as ferramentas e os processos apresentados nestas páginas para concretizar seu sonho, cumprir seu destino e desfrutar uma vida próspera e abundante!

Na maioria das vezes, essa é uma jornada que o levará ao pico da montanha, onde a vista é magnífica e o ar é puro. No entanto, em outras ocasiões, pode ser que você caminhe pelos vales, onde tudo é escuro e traiçoeiro. São nessas ocasiões que seu sistema de crenças o ajudará a manter o controle e se dirigir ao cume novamente.

Haverá momentos em que os desafios parecerão intransponíveis e os problemas aparentarão impossíveis de resolver, tentando-o a questionar se tomou a decisão acertada ao iniciar sua longa jornada. É nesse instante que você precisa confiar em si mesmo, ter fé em você e saber que está preparado, que tudo é possível e que você encontrará soluções e caminhos alternativos que o levarão a seu destino.

Confie e, o mais importante, siga em frente! Continue a despeito dos desafios e logo você perceberá que sua força de vontade e fé em si mesmo mudarão a dinâmica. Tudo começará a se alinhar novamente. Você reassumirá o controle e, sem sombra de dúvidas, realizará seu sonho.

Lembre-se: jamais questione *se* você concretizará o sonho, somente *como* e *quando*, sobretudo ao perceber que seus objetivos ou sonhos impactam muitas pessoas a seu redor. A vida tem um jeito único de garantir que a realização de sonhos grandiosos aconteça no melhor momento para todos os envolvidos, a fim de que cada um se beneficie de sua concretização.

No decorrer de minha longa vida de estudos, observações e experiência em múltiplas disciplinas, estou convicto e tenho demonstrado tanto a mim quanto a outros que temos o privilégio e o poder de controlar nossa vida e atrair recursos, oportunidades de relacionamentos extraordinários, de amor verdadeiro, riqueza, paz, harmonia, felicidade e todos os outros recursos e as condições que permitem que desfrutemos uma vida de prosperidade e abundância.

Também reconheço que, às vezes, parece que há algumas lições que devemos aprender antes de receber o presente da realização de um grande sonho. Pode ser um acidente, a perda de um emprego, uma doença ou algo que jamais esperamos e não estava em nosso planejamento. Então sofremos ao passar por isso. Talvez não entendamos por que a situação aconteceu, mas o fato é que enfrentamos tempos ruins — e até mesmo terríveis. E nossa mente continua a questionar: "Por quê?", "Por que eu?", "Por que agora?". Eu sei! Já passei por isso e não é nada agradável.

Espero que você nunca depare com circunstâncias assim, mas é bem provável que isso aconteça, de alguma maneira ou de outra. E, quando as dificuldades sobrevierem, lembre-se de que você está no ponto mais baixo do vale e o que realmente importa é como você lidará com isso.

Você sempre tem uma escolha. Pode passar por momentos ruins reclamando, chateado até tudo se resolver, ou aceitar o fato de que o revés está acontecendo no momento. Não é preciso concordar com ele, nem merecê-lo. Basta desenvolver a consciência de que você está passando por uma experiência negativa desagradável, dolorosa ou feia e focar em encontrar passos que podem ser dados para minimizar a dor e o desconforto, a fim de superar esse desafio tão logo quanto possível. Não foque no *por que* o problema aconteceu, mas, sim, em encontrar uma solução, uma forma de remover ou minimizar o problema que está em seu caminho.

De toda maneira, você passará pelo revés. É possível atravessá-lo e sofrer um pouco mais se mantiver uma atitude negativa de reclamação, argumentação e luta. Ou pode minimizar o sofrimento conservando uma atitude positiva e focando em como minimizar o impacto.

Aguarde o fim desse período de testes e se pergunte: "Por que eu passei por isso? O que aprendi com a situação? Como posso usá-la para meu benefício ou para ajudar outra pessoa? O que posso extrair de "positivo" dessa experiência? São perguntas importantes. Sempre há lições a ser aprendidas com as circunstâncias difíceis, a dor e o sofrimento. Se não houver aprendizado, é provável que uma situação semelhante se repita posteriormente em sua vida, até você aprender.

Talvez você não consiga encontrar todas as respostas, entender o motivo, mas pense a esse respeito e peça a seu subconsciente que o esclareça tanto quanto possível. Esses são os momentos em que nós mais crescemos e aprendemos. Devemos entender que todos somos interconectados e sempre sujeitos aos altos e baixos da vida, às forças da natureza e a pessoas que tentam nos influenciar a ir para um lado ou para o outro. A maioria de nós passa por situações semelhantes diante das mesmas circunstâncias, com níveis bem diferentes de dor e resultados. Jim Rohn, escritor e palestrante motivacional disse: "É o ajuste das velas, não a direção do vento, que determina o caminho que vamos seguir".

É crucial que você sempre tenha consciência do que está acontecendo em sua vida. Quando sentir a pressão na direção errada, ajuste as velas e garanta que continuará a caminhar na direção de seu sonho.

Às vezes, você está prestes a alcançar uma meta, obter uma promoção, conseguir um emprego melhor e se vê diante de um problema imenso. Como lidar? Com uma atitude positiva ou negativa? Você se lembra de manter o controle e ajustar as velas? Sempre tenha consciência do que acontece e de como você reage. Se você não conseguir lidar com um problema significativo onde estiver hoje, pode deparar com problemas muito maiores que seriam um desastre caso você se encontrasse em uma posição superior. Use essas situações como uma experiência de aprendizado que o preparará para águas turvas futuras. Use-as como treinamento. Faça seu melhor para não se tornar uma barreira à conquista de suas metas.

Todos os seus sonhos e objetivos devem ser para seu bem e para o bem dos outros. Jamais planeje conquistar algo em detrimento dos outros. O universo tem recursos em abundância e podemos alcançar tudo que quisermos sem precisar competir ou tirar de outros. Sempre devemos acrescentar à vida, criar, expandir. É importante reconhecer a todo instante que temos total controle sobre nossa vida e, de igual modo, não devemos influenciar os outros em relação às metas que eles devem alcançar. Cada um de nós tem potencial, sonhos, gostos e talentos próprios. Assim, devemos, por conta própria, decidir o que é melhor para nós a cada momento. Não se esqueça de que a melhor forma de influenciar os outros a ter excelentes metas é realizar e conquistar metas em sua vida. Seja o exemplo do que os outros também podem alcançar.

Palavras finais para orientar a vida

Sua definição de vida próspera e abundante não resistirá ao teste do tempo! É uma promessa. À medida que você melhora em cada área da vida, torna-se mais consciente de seu crescimento, seus talentos e seu potencial. Você percebe que há leis naturais que apoiam e incentivam você a ser melhor, a crescer e expandir. São inúmeras as sincronicidades. Você começa a enxergar mais além e constantemente eleva seus sonhos e desejos rumo a uma qualidade de vida ainda mais rica. Quanto mais você crescer, mais oportunidades enxergará. Embora as mudanças possam parecer pequenas no começo, elas acelerarão à medida que você prossegue.

Lembre-se de quantas vezes eu alterei meu sonho de vida ao longo dos anos. Tudo começou com o desejo de me tornar engenheiro e trabalhar para a companhia ferroviária, algo praticamente impossível na época. Durante a jornada para me tornar engenheiro, decidi que queria trabalhar para uma grande empresa privada. Ao me formar, resolvi que trabalharia para uma multinacional, a fim de trabalhar ou viajar em outros países. Após alcançado, meu sonho evoluiu para me mudar para outro país por alguns anos, depois para viajar o mundo e, após mais algumas interações, conquistar o tempo e a liberdade financeira, controlando onde e como gasto meu tempo, com dinheiro suficiente para uma vida confortável.

Realizei esse sonho há alguns anos. Foi o fim do jogo? O *grand finale*? Posso lhe garantir que não. O fato de estar escrevendo este livro faz parte de meu novo sonho, aperfeiçoando o conceito do que uma vida de abundância significa para mim neste momento.

Vejo o mundo de forma diferente a partir da posição em que me encontro agora. Enxergo novas oportunidades. Tenho uma nova visão para meu crescimento.

Estou seguindo todos os princípios e todas as técnicas descritos nos capítulos anteriores que tornam o Método Delanese tão eficaz, e posso lhe garantir que, dentro de três anos, eu realizarei meu novo sonho de vida próspera e abundante. Acesse meu *internet site* em dezembro de 2024 e você entenderá o que tenho em mente agora.

Ir em busca de uma vida plena é como escalar uma montanha ou subir lances intermináveis de escadas. Ao alcançar cada nível superior, você tem uma visão melhor. Novas oportunidades lhe são apresentadas e você pode continuar a subir mais uma etapa... e outra, indefinidamente. Que jornada recompensadora!

Por isso é tão importante não focar *somente* na realização da meta final. Seu foco deve estar em partir para a ação, mesmo que pequena, todos os dias, rumo a seu sonho, rumo a se tornar um pouquinho melhor em pelo menos uma área de sua vida. Lembre-se: até mesmo uma melhora de 1% composto por dia o tornará 37 vezes melhor ao fim do ano. Isso é extraordinário! Comece cada dia com o objetivo de aproveitá-lo para fazer algo melhor. Celebre cada conquista e você sempre terá combustível para impulsionar sua vontade de prosseguir.

Cada dia é um novo dia e um novo começo. Todos os dias ao despertar, seja grato pela oportunidade de ter mais uma oportunidade para aperfeiçoar quem você é. Torne cada dia melhor que o anterior e você perceberá que está melhorando seus relacionamentos, sua saúde, a vida profissional, as finanças, seu patrimônio, sua vida familiar, a vida amorosa, bem como sua vida emocional e espiritual. Tais mudanças acontecerão não só porque você está agindo, mas também — e o mais importante — porque você está mudando, está se tornando uma pessoa melhor e mais realizada.

Lidere pelo exemplo. Foque no que pode fazer para melhorar a si mesmo — não os outros. Seu sucesso será um exemplo para os outros seguirem, se for apropriado para eles. Seja flexível, resiliente, tolerante e aceite os outros como são. Não se esqueça de que, para as coisas mudarem, você precisa mudar.

Celebre suas mudanças e realizações. Aliás, você está celebrando a pessoa melhor que está se tornando, uma vez que essa é, na realidade, sua meta. E isso merece uma grande celebração! Siga os princípios ensinados e estou convicto de que você se tornará a linda pessoa que só você pode ser! Aproveite a jornada e conquiste uma vida feliz, saudável, de prosperidade e abundância!
Boa sorte e sucesso!

Roberto Delanese

QUERO OUVIR SUA EXPERIÊNCIA, LEITOR!

Este livro foi escrito de coração, com o forte desejo de ajudar as pessoas a alcançar e viver a vida que desejam, desfrutando sucesso, prosperidade e abundância em todas as áreas.

Por anos, aperfeiçoei o Método Delanese para *coaching*, desenvolvimento pessoal, auxílio a colegas, participantes de meus seminários e pessoas dos países que eu visitava com regularidade. Em geral, sempre busquei ajudar as pessoas que conhecia pessoalmente e sentia interesse genuíno no avanço de sua vida e carreira.

Minha meta para este livro é expandir o número de pessoas que posso ajudar ao redor do mundo. Não tenho o privilégio de conhecer a todos pessoalmente, porém **sinto o mesmo interesse genuíno em garantir que você se beneficie do Método Delanese**. Não se esqueça de me contar se você está alcançando os resultados esperados, e se tem alguma ideia ou sugestão. De igual modo, se, por algum motivo, você não estiver obtendo os resultados esperados, por favor, explique-me por que acha que isso aconteceu. Envie-me também suas histórias de sucesso, para que a comemoremos juntos!

Eu certamente lerei todas as mensagens que me forem enviadas e responderei quando necessário.

Seu *feedback* é uma ferramenta importante para garantir que este livro beneficiou você e para encontrar formas de continuar a aperfeiçoar e melhorar o Método Delanese com base em nossa ampla experiência em conjunto.

Por favor, envie seus comentários diretamente para mim:

E-mail: roberto@robertodelanese.com

Website: <www.robertodelanese.com> — deixe seu comentário na seção "Contact Us" [Entre em contato].

Obrigado por seu apoio.

Que você alcance suas metas, seus desejos pessoais e viva a vida de seus sonhos!

Roberto Delanese
THE DELANESE METHOD™

SOBRE O AUTOR

Roberto Delanese possui mais de quarenta anos de experiência em liderança em empresas globalmente reconhecidas, além de liderar, mentorear, inspirar e ser coach de equipes e indivíduos, levando-os a alcançar resultados profissionais, ao mesmo tempo em que também realizam seus sonhos e objetivos pessoais. Além disso, promoveu seminários sobre conquistas pessoais e oficinas sobre realização e empoderamento pessoal.

Roberto é bacharel em Engenharia Eletrônica, realizou diversos cursos executivos de desenvolvimento, liderança, administração de empresas e tecnologia da informação. É facilitador certificado de seminários de empoderamento. Já foi professor universitário e empreendedor. Viajou para mais de trinta países.

Após alcançar sua vida de abundância, decidiu ajudar outros a ter sucesso e realizar seus objetivos e sonhos por meio do compartilhamento do Método Delanese, um sistema pessoal de ferramentas, princípios e técnicas que ele usou e aperfeiçoou ao longo dos anos a fim de desenvolver pessoas, com resultados comprovados.

Roberto tem dois filhos, dos quais se orgulha, e mora em Las Vegas, Estados Unidos, onde investe no mercado financeiro, aprecia a natação, viajar, ler, e se concentra em seu auto-desenvolvimento, enquanto educa e inspira pessoas a alcançarem a excelência. Fala português, inglês e espanhol e agora está aprendendo italiano.

Acesse:

<www.robertodelanese.com>
<www.thedelanesemethod.com>

e-mail: roberto@robertodelanese.com

With every donation, a voice will be given to
the creativity that lies within the hearts of
our children living with diverse challenges.

By making this difference, children that may
not have been given the opportunity to have their
Heart Heard will have the freedom to create
beautiful works of art and musical creations.

Donate by visiting

HeartstobeHeard.com

We thank you.